Qué puedo hacer cuando REFUNFUÑO demasiado

Un libro para ayudar a las niñas y niños a superar el negativismo

Dawn Huebner

Ilustraciones de Bonnie Matthews

Madrid, 2013

Esta obra de Dawn Huebner fue originalmente publicada en inglés con el título *What to do when you grumble too much*, por la editorial *Magination Press*, de la *American Psychological Association*. Washington DC, Estados Unidos. Copyright © 2007 by *Magination Press*, Washington DC, Estados Unidos.

La obra ha sido traducida y publicada en español con permiso de la APA. Esta traducción no puede ser publicada o reproducida por terceras partes, por ningún procedimiento, sin el expreso permiso por escrito del editor. Está prohibida la reproducción o distribución de cualquier parte de la obra, así como su almacenamiento en bases de datos o en otros sistemas de recuperación sin el previo permiso de la APA.

Adaptación: Jaime Pereña Brand. Hogrefe TEA Ediciones.

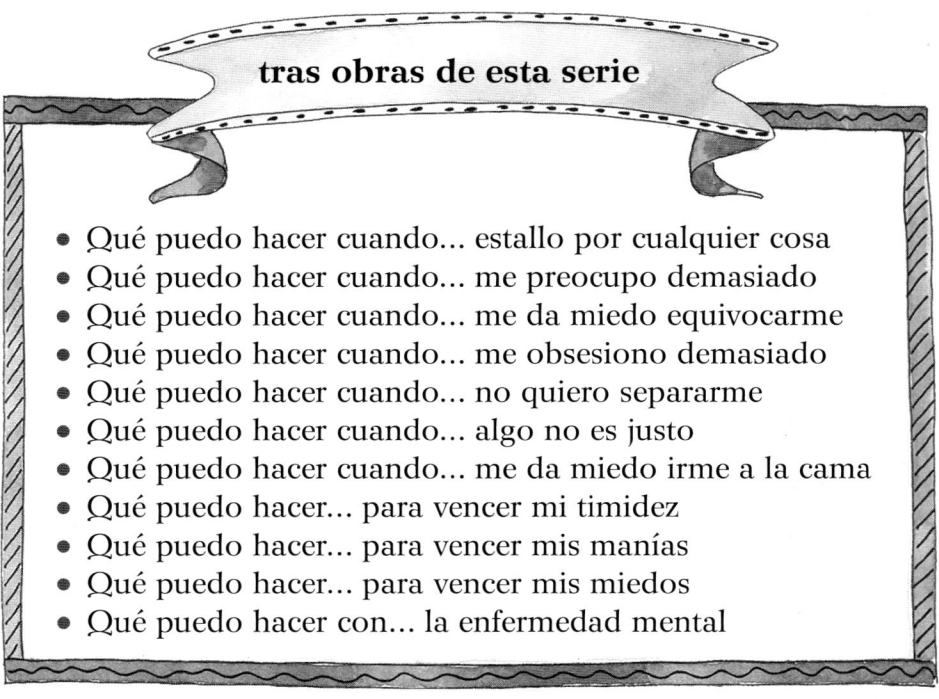

tras obras de esta serie

- Qué puedo hacer cuando... estallo por cualquier cosa
- Qué puedo hacer cuando... me preocupo demasiado
- Qué puedo hacer cuando... me da miedo equivocarme
- Qué puedo hacer cuando... me obsesiono demasiado
- Qué puedo hacer cuando... no quiero separarme
- Qué puedo hacer cuando... algo no es justo
- Qué puedo hacer cuando... me da miedo irme a la cama
- Qué puedo hacer... para vencer mi timidez
- Qué puedo hacer... para vencer mis manías
- Qué puedo hacer... para vencer mis miedos
- Qué puedo hacer con... la enfermedad mental

Copyright © 2008, 2010, 2013 Hogrefe TEA Ediciones. All rights, including for text and data mining (TDM), Artificial Intelligence (AI) training, and similar technologies, are reserved.

Copyright © 2008, 2010, 2013 Hogrefe TEA Ediciones. Todos los derechos, incluidos los relacionados con minería de textos y datos (TDM), entrenamiento de Inteligencia Artificial (IA) y tecnologías similares, están reservados.

ISBN: 978-84-7174-846-1.

Depósito legal: M-29625-2010.

Maquetación: La Factoría de Ediciones, S.L.

Quedan rigurosamente prohibidas sin la autorización escrita de los titulares del copyright, bajo las sanciones establecidas en las leyes, la reproducción total o parcial de esta obra por cualquier medio o procedimiento, comprendidos la reprografía y el tratamiento informático, y la distribución de ejemplares de ella mediante alquiler o préstamo públicos.

Índice

Introducción para familiares y cuidadores 4

Capítulo 1.
¿Te quedas paralizado? 6

Capítulo 2.
¿Qué es el negativismo? 12

Capítulo 3.
¿Cómo empieza el negativismo? 20

Capítulo 4.
Fuerza y flexibilidad 28

Capítulo 5.
Ejercicio nº 1: Salto de vallas 36

Capítulo 6.
Consigue un entrenador 44

Capítulo 7.
Ejercicio nº 2: Deja el pasado atrás 54

Capítulo 8.
Ejercicio nº 3: Lanza tu cerebro 60

Capítulo 9.
Ejercicio nº 4: El juego del cinco 66

Capítulo 10.
¿Qué pasa si te pones furioso? 72

Capítulo 11.
Cómo ser positivo 78

Capítulo 12.
¡Puedes conseguirlo! 86

Introducción para familiares y cuidadores

Algunos niños parece que tienen un radar sintonizado para detectar lo que va mal en cualesquiera situaciones. Aunque haya muchos aspectos positivos, ellos tienen la habilidad de darse cuenta y de comentar todo tipo de problemas, incluso los más pequeños e irrelevantes.

Para los padres puede ser muy duro el tener que cuidar de niños que se centran en los problemas y que con frecuencia tienen un punto de vista negativo sobre las cosas. Si Vd. tiene un hijo que «refunfuña demasiado» es probable que esté asintiendo a esta idea. Vd. quiere que su hijo sea feliz y probablemente se esfuerza por conseguirlo. Le ha comprado los últimos juguetes, ha hecho largas colas en los parques de atracciones y le ha reído las ocurrencias aunque no tuviesen gracia. Ha dedicado tiempo a jugar con él, se ha dejado ganar al parchís, le ha cocinado innumerables platos de macarrones con queso y ha hecho esfuerzos por su hijo que pueden considerarse superiores a lo que sería meramente su deber. Y es probable que su hijo se haya sentido feliz con todo eso.

En efecto, los niños que tienden a ser negativos se sienten con frecuencia felices… siempre que todo vaya bien. Y éste es precisamente el problema, porque en la vida no todo va siempre bien. Una de las atracciones del parque está en reparación, se le ha olvidado llevar la merienda favorita, un compañero de clase decide sentarse con otro niño… y entonces es cuando el niño refunfuña y se indigna. En la vida de un niño con tendencias negativistas una pequeña contrariedad basta para arruinar toda la tarde.

Los niños que tienen tendencias negativitistas son maestros a la hora de detectar los problemas; es como si los inconvenientes, las imperfecciones o las injusticias se lanzasen sobre ellos ampliados y multiplicados; sienten la necesidad de destacar todo aquello que no está bien o no es justo; son expertos en «ahogarse en un vaso de agua»; y es fácil que se sientan cada vez más indignados cuando se intenta hacerles cambiar de punto de vista.

Negativismo no es lo mismo que tristeza y por lo tanto no debe utilizarse este término para referirse a niños que han sufrido acontecimientos dolorosos, como un incendio en casa, un divorcio o una muerte cercana. Tampoco es lo mismo que la depresión, que se caracteriza por sentimientos continuos de tristeza e irritabilidad. El negativismo es un estilo cognitivo, no es un estado de ánimo sino una forma de pensar, una forma de enfrentarse a la vida.

Esta forma de pensar se caracteriza por una tendencia general a centrarse en lo que va mal, aunque haya muchas otras cosas que vayan bien. Un niño negativista puede, por ejemplo, buscar en una mesa llena de regalos precisamente el juguete concreto que no le han comprado. Es posible que después de un día entero de actividades pensadas para él, al llegar a casa se indigne porque no se pone la película que quiere en ese momento. Es posible que el niño se sienta muchas veces feliz pero su alegría es siempre frágil y en general tenderá a refunfuñar incluso aunque no haya motivos para ello.

A muchos padres les resulta difícil sintonizar con los niños gruñones. Incluso en los días mejores es posible que unos padres perplejos le pregunten al niño «¿Por qué estás enfadado?»; o que intenten darle un argumento lógico, como: «Pero si te gusta mucho la tortilla. ¿Por qué no pides tortilla en vez de quejarte?». En los días malos el negativismo provoca la ira de los padres: «No hay quien te aguante. Nada te parece bien. No sé por qué me preocupo por ti». En cualquier caso, los padres se estrellan contra la muralla del negativismo tanto en los días buenos como en los malos, tanto cuando se expresan con calma como cuando están exasperados.

Introducción para familiares y cuidadores

Como Vd. sabe, el objetivo no es únicamente que el niño deje de quejarse, ya que los niños negativistas son expertos también en mostrar su enfado en silencio. El objetivo es que estos niños se enfrenten a su problema de negativismo e intenten superarlo, que se hagan más fuertes ante las contrariedades y que sean capaces de concentrarse en los aspectos positivos en vez de quedarse sumidos en los negativos.

Hay que tener en cuanta que los niños sumidos en el negativismo no eligen ese estilo cognitivo; muchos ni siquiera saben qué significa la palabra negativismo. Además, suelen tener una actitud defensiva frente a su negativismo y puede que su primera reacción al ver este libro sea decir: «¡No soy un gruñón! ¡No refunfuño!». Pero es muy probable que el libro le «enganche» nada más empiece a leerlo con Vd. pues le va a ir guiando con cuidado, empatía y humor hacia una mejor comprensión del negativismo y de sus escollos. Se parte de la idea de que los niños que tienen muchos pensamientos negativos se sienten a menudo atrapados e infelices y, lo que es más importante, se les explica qué es lo que pueden hacer por medio de ejercicios y explicaciones comprensibles para ellos.

Las estrategias que se proponen en el libro se basan en los principios de la terapia cognitivo-conductual, de muy amplia aceptación, y están pensadas principalmente para niños de entre 6 y 13 años. Su efectividad será mayor si el niño lee el libro junto con uno de sus padres. La lectura debe hacerse sin prisas, sentados en un lugar cómodo y teniendo a mano papel y lápiz o bolígrafo para poder escribir y dibujar. Lea uno o dos capítulos en cada sesión, fijándose en las ilustraciones y realizando las actividades en la forma recomendada. Comente con el niño los ejemplos y refiérase a ellos en los tiempos existentes entre las sesiones de lectura porque los niños necesitan tiempo para captar las nuevas ideas y para poner en práctica las estrategias propuestas. Los cambios se irán produciendo poco a poco.

Con la ayuda de este libro se le va a pedir a su hijo que aprenda nuevas formas de pensar, pero probablemente Vd. también tendrá que cambiar. A partir de ahora dejará de tratar de convencer al niño de que no sea negativo, no intentará darle explicaciones lógicas y hará lo posible por no enfadarse ni irritarse. Por el contrario, intentará comprender en qué consiste el negativismo.

En vez de responder a las quejas concretas del niño deberá intentar comprender sus sentimientos. Puede decirle, por ejemplo: «Me parece que estás muy enfadado» o «No sé realmente qué es lo que te ha parecido tan mal». Y trate de usar los ejemplos incluidos en el libro para recordar al niño que debe usar las técnicas que va aprendiendo. Anímele siempre que dé pasos en la dirección correcta, use el sentido del humor en una forma graciosa pero no insultante, demuestre su confianza en la capacidad del niño para aprender y para elegir esta nueva forma de pensar. Si Vd. anticipa que el niño va a tener éxito en esto, estará ayudando a que el éxito sea una realidad.

Es frecuente que el negativismo se dé con mayor fuerza en ciertas familias. Si Vd. tiene también una tendencia a ver las cosas de color negro intente realizar los ejercicios conjuntamente con el niño. Si, a pesar de todo, Vd. comprueba que le resulta demasiado difícil cambiar sus sentimientos y sus reacciones, es posible que le convenga recurrir a la ayuda de un profesional, conjuntamente con el niño. Y si el negativismo está afectando de forma significativa a la vida de su hijo no dude en consultar inmediatamente con un pediatra o con un psicólogo. En los casos de los niños que están asistiendo a terapia por este motivo, este libro puede ser un compañero que les sirva de mucha ayuda.

Lo más positivo de todo es que el negativismo es un estilo que, tanto en niños como en adultos, puede corregirse mediante las estrategias de la terapia cognitivo-conductual descritas en este libro. Los niños pueden aprender a reconocer los pensamientos negativos y a modificarlos. Requiere un poco de práctica pero cuando el niño se hace con ello las cosas se vuelven mucho más fáciles. Y, como todos sabemos, el pensamiento positivo supone un gran refuerzo: nos sentimos mejor, se consiguen mejores resultados y, sobre todo, hace que los niños (y sus padres) sean mucho más felices.

Capítulo uno

¿Te quedas paralizado?

¿Has corrido alguna vez una carrera de obstáculos?

Como sabes, una carrera de obstáculos está llena de dificultades y de puntos peligrosos. Puede que tengas que saltar algunas vallas, reptar por el interior de un tubo, hacer equilibrios sobre una barra y correr en zigzag por unos conos.

Capítulo 1

La mayor parte de los niños cuando ven una carrera de obstáculos piensan: «¡Vaya! ¡Qué divertido!». Y se lanzan a toda velocidad a superar las vallas y a esquivar los conos.

Cada obstáculo, cada prueba es una pequeña aventura que te está desafiando.

Prepárate para hacer esta carrera de obstáculos. Dibuja la línea de partida desde la que has de salir para empezar a superar los obstáculos.

Piensa ahora en un niño a quien le gusta mucho correr pero que nunca ha visto una pista de obstáculos. Se lanza a correr a toda velocidad y de repente se encuentra con la primera valla.

¡Atención! La valla le corta el paso.

El niño se para y se queda mirando la valla pero ésta no se quita. Entonces hace lo que otros muchos niños cuando algo se interpone en su camino: se enfada y se pone muy furioso.

Pero, claro, la valla no se mueve.

«Eres muy molesta», dice.

La valla sigue sin moverse. Ahora está tan irritado que pega una patada a la valla. La valla sigue sin quitarse del camino (normal, es una simple valla).

«¡Eres una valla estúpida!», piensa el niño, «me estás cortando el camino y además ahora me duele el pie».

Se queda allí un buen rato protestando y quejándose de la valla.

¿Qué consejo le darías a este niño que se queda paralizado y quejándose delante de la valla? Te daré una pista: ¿Qué harías tú si estuvieses corriendo una carrera de obstáculos?

Si has escrito **SALTA LA VALLA**, prémiate con una estrella; sabes exactamente lo que hay que hacer.

¿Sabes que la vida es como una carrera de obstáculos? Está llena de puntos difíciles que es necesario superar.

A algunos niños se les da muy bien encontrar las vallas pero luego se quedan paralizados. Es posible que a ti te pase eso.

Se les olvida que tienen que saltar las vallas y en vez de saltarlas se quedan protestando. Suelen decir cosas como: «¡No es justo!». Y se ponen tristes o se enfadan porque hay vallas en el camino.

Si tu camino está lleno de vallas y de obstáculos y, sobre todo, si sueles quejarte de esos obstáculos, este libro está pensado para ti. En él vas a aprender a ver los obstáculos de una forma diferente y a encontrar maneras de superarlos.

Capítulo dos

¿Qué es el negativismo?

Las cosas no siempre nos salen como nos gustaría.

Es posible que tu mamá te haya dejado comprar un libro de aventuras que te apetece mucho pero cuando llegas a la librería resulta que no lo tienen.

Quieres jugar con tu hermana pero ella se empeña en jugar a las comiditas mientras que tú quieres jugar con la pelota.

El abuelo te lleva a comer a un restaurante pero se le olvida decir a la camarera que no quieres tomate. Y ahora resulta que te traen una estupenda hamburguesa con un enorme tomate encima.

Todas estas situaciones tienen cosas buenas y cosas malas. Haz una lista de ellas.

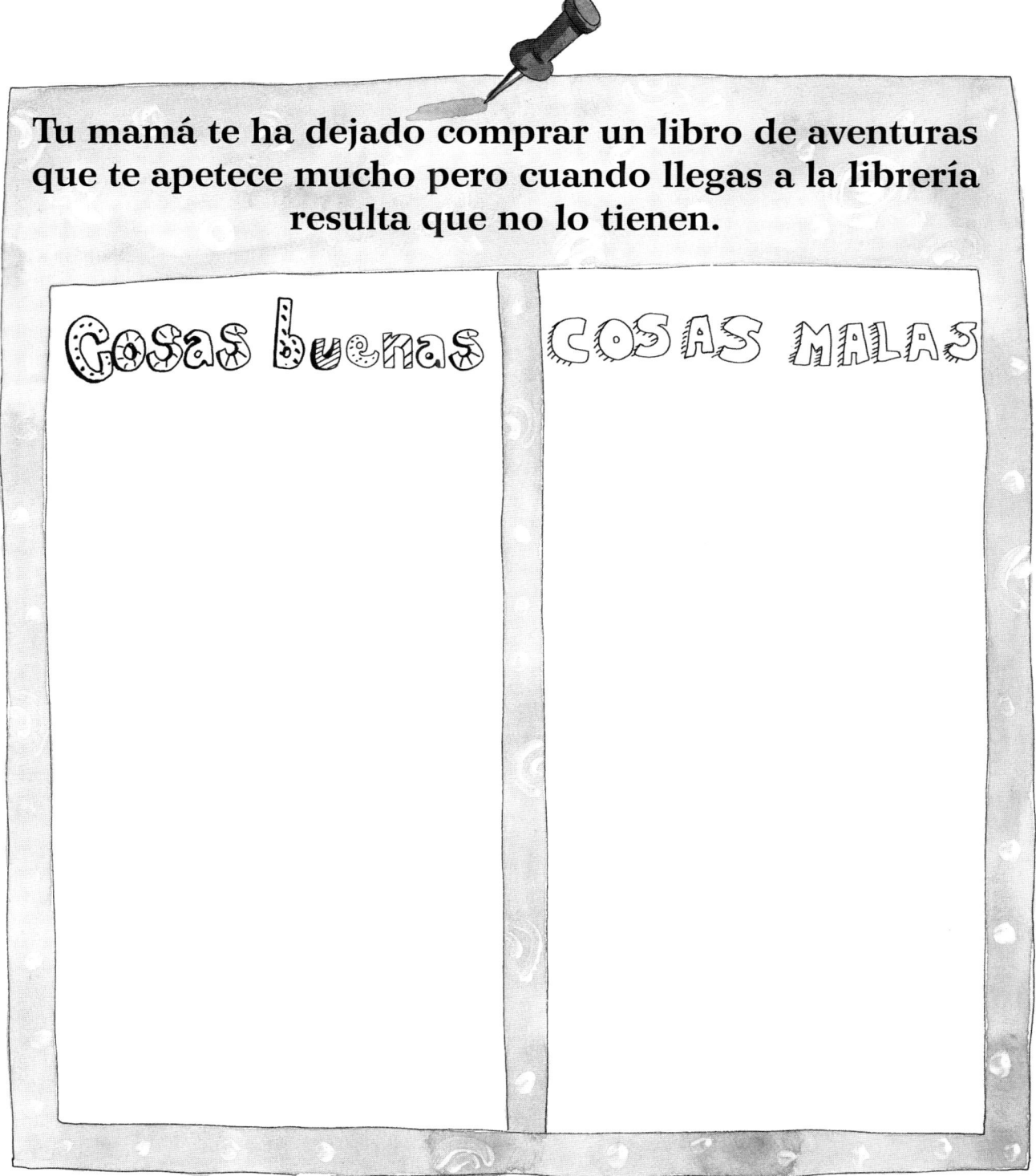

Tu mamá te ha dejado comprar un libro de aventuras que te apetece mucho pero cuando llegas a la librería resulta que no lo tienen.

Cosas buenas | Cosas malas

Quieres jugar con tu hermana pero ella se empeña en jugar a las comiditas mientras que tú quieres jugar con la pelota.

Cosas buenas | **COSAS MALAS**

El abuelo te lleva a comer a un restaurante pero se le olvida decir a la camarera que no quieres tomate. Y ahora resulta que te traen una estupenda hamburguesa con un enorme tomate encima.

Cosas buenas | **COSAS MALAS**

Cuando en una situación hay cosas buenas y cosas malas, puedes elegir; puedes fijarte en lo que va mal y puedes molestarte por ello; pero también puedes fijarte en las cosas buenas.

El **NEGATIVISMO** consiste en fijarse en la parte mala.

Los niños que tienen una actitud negativa detectan enseguida las partes malas. Y esos aspectos malos les parecen enormes e insoportables.

Por eso hacen lo único que tiene sentido para ellos: Refunfuñar. Y entonces dicen cosas como éstas: «Ya sabes que no me gustan los tomates», «Nunca puedo jugar a lo que yo quiero».

Las personas que siempre se fijan en los aspectos negativos son **PESIMISTAS**. El pesimista es alguien que espera que las cosas salgan mal. Suele ser una persona que tiende a verlo todo negro. Cuando algo sale mal, enseguida lo destaca. También suele sentirse mal por los aspectos negativos que aparecen en una situación de la que sin embargo podría disfrutar.

¿Cómo crees que se sienten las personas que tienden a verlo todo negro?

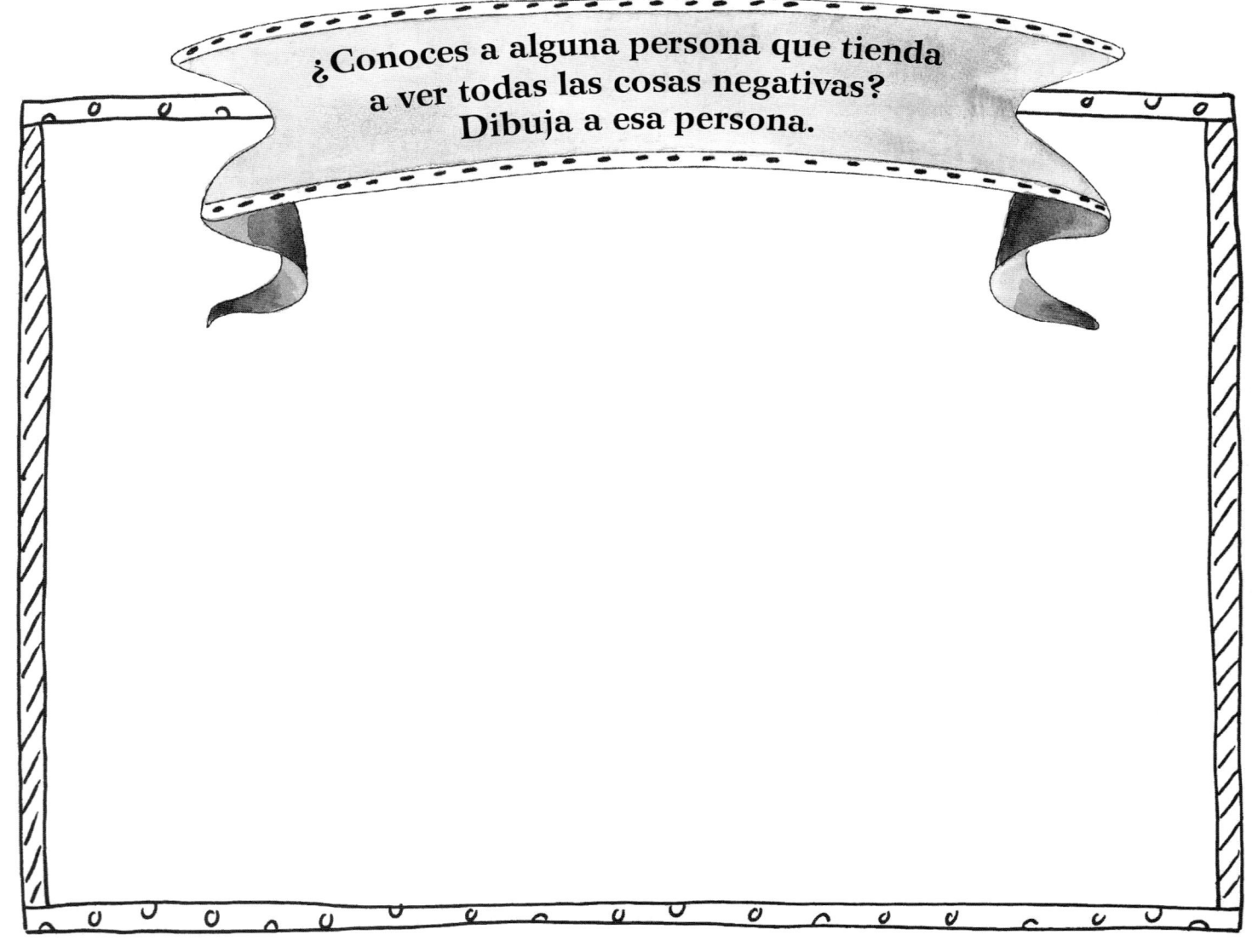

¿Conoces a alguna persona que tienda a ver todas las cosas negativas? Dibuja a esa persona.

Otras personas, por el contrario, se fijan sobre todo en las partes buenas de cada situación. Esperan que las cosas salgan bien y, aunque se dan cuenta de que algunas cosas no están bien, no les prestan mucha atención. Estas personas son **OPTIMISTAS** porque tienden a tener pensamientos positivos.

¿Cómo crees que suelen sentirse las personas que tienen pensamientos positivos?

¿Conoces a alguna persona que tienda a ver las cosas positivas? Dibuja a esa persona.

Claro, nadie es siempre positivo o siempre negativo. Pero las personas tendemos a ser más de una forma o de la otra.

En muchos casos las personas que tienden a ver las cosas negativas no se dan cuenta de ello. Es como si tuviesen una lupa mágica que les hace ver las cosas malas como si fuesen enormes y las cosas buenas como si fuesen muy pequeñitas. No se dan cuenta de que tienen esa lupa especial, simplemente les parece que las cosas malas son mucho más grandes.

Capítulo 2

¿Usas muy a menudo la lupa de ver problemas? ¿Te pasa muchas veces que no puedes ver las cosas buenas de una situación porque los problemas te parecen demasiado grandes?

Rodea con un círculo con qué frecuencia te pasa eso.

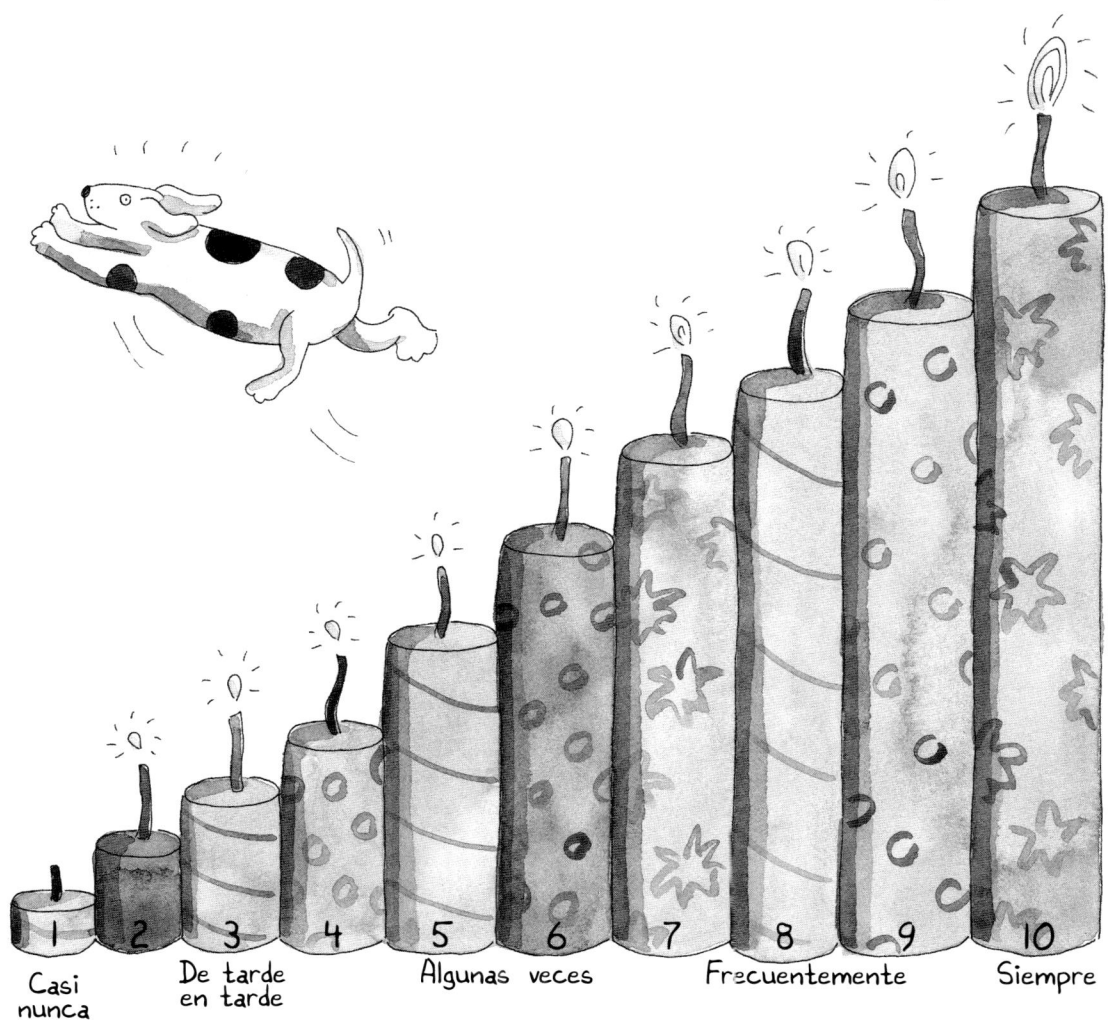

Si tiendes a ser negativo con alguna frecuencia, este libro te va a ayudar a saber qué puedes hacer en esos casos.

Si sueles ver las cosas de color negro la mayor parte de las veces, este libro te puede ayudar a ser más feliz.

Capítulo tres

¿Cómo empieza el negativismo?

Es posible que pienses que las personas que siempre se fijan en los aspectos negativos son así porque las cosas malas siempre les pasan a ellas. Pero eso no es verdad.

El que seas una persona positiva o negativa tiene muy poco que ver con las cosas que te pasan realmente. Depende sobre todo de lo que tú piensas sobre las cosas que te pasan.

Los pensamientos que están dentro de tu cabeza son los que hacen que seas una persona más bien positiva o más bien negativa; no lo que realmente ocurre.

¿Cómo es eso posible?

Capítulo 3

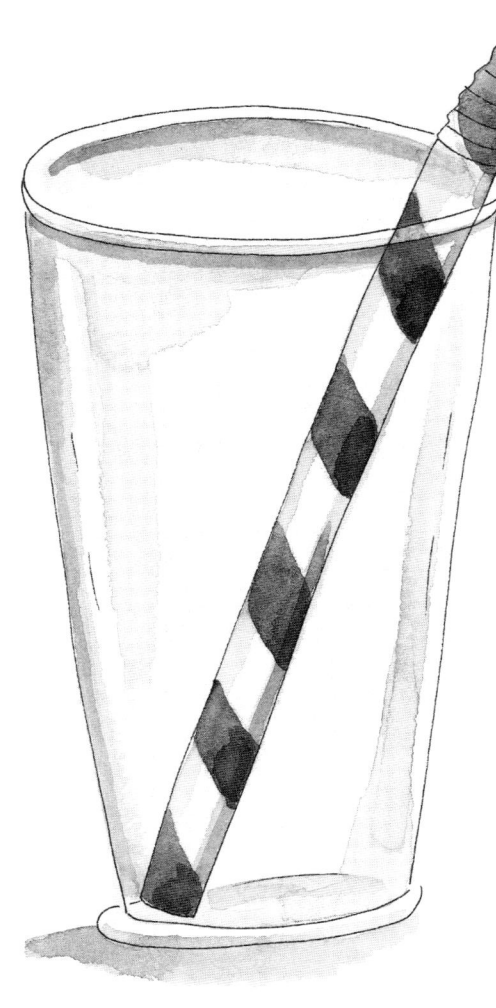

Toma un rotulador y colorea la mitad de este vaso como si fuera tu bebida favorita. Piensa que tienes mucha sed.

¿Qué te parece? ¿Que el vaso está medio lleno o que está medio vacío?

¿Qué piensas? ¿Que es un vaso con tu bebida favorita y que está ahí esperando que la bebas? ¿O piensas que es una pena que no haya más cantidad?

Imagínate que eres una persona que al ver el vaso piensa: «¡Bien! Lo que más me gusta». Dibuja la cara que tendría esa persona.

Ahora imagínate que al ver el vaso piensas: «¡Qué sed tengo! ¡Qué pena que no esté lleno del todo!». Dibuja una cara que indique cómo te sientes.

No estás contento ni refunfuñas por la bebida que hay en el vaso. Es lo que piensa tu cabeza lo que hace que te sientas bien o mal. Son tus pensamientos los que hacen que el vaso te parezca una cosa buena o una cosa mala.

Una pregunta: Las personas, ¿son NEGATIVAS porque lo han aprendido o nacen así?

Los expertos no se ponen de acuerdo sobre este punto pero parece que el cerebro de algunas personas está organizado de forma que les resulta más fácil ser felices mientras que el cerebro de otras personas tiende a centrarse en los PROBLEMAS.

Para entender todo esto un poco mejor, piensa en tu cuerpo. ¿Eres diestro o zurdo? Haz un círculo alrededor de la mano que usas para escribir.

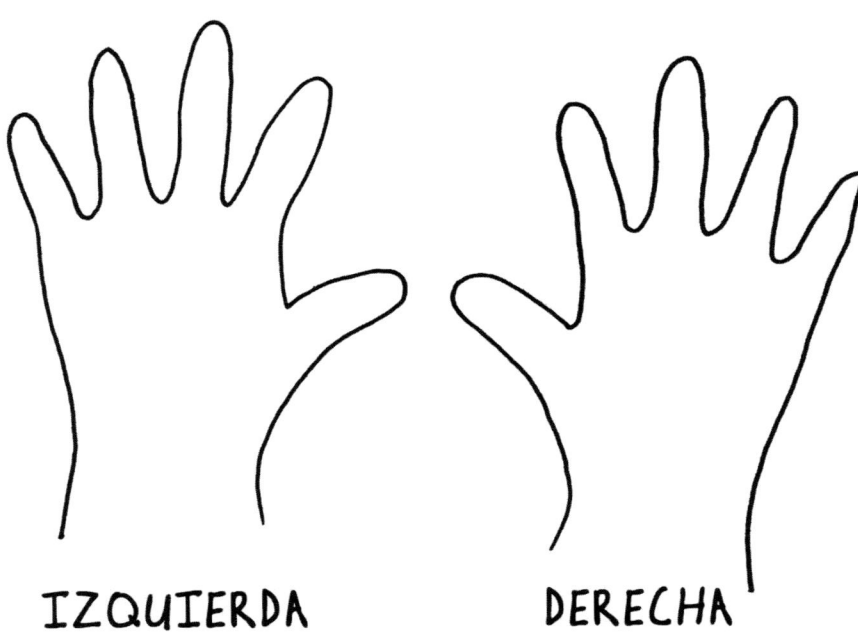

Si eres diestro es probable que el lado derecho de tu cuerpo sea más fuerte que el izquierdo. Si tienes que llevar una carga pesada es tu brazo derecho el encargado de hacer el trabajo.

Si montas en patinete impulsándote cada vez con una pierna, seguramente tu pierna izquierda se cansa antes que la derecha. En las personas diestras el lado derecho del cuerpo tiene más fuerza que el izquierdo.

Lo contrario ocurre en las personas zurdas. Si eres zurdo probablemente el lado izquierdo de tu cuerpo es el más fuerte.

Piensa en el fútbol. ¿Con qué pierna golpeas el balón? Si eres diestro seguramente lo harás con la pierna derecha y si eres zurdo con la izquierda.

Si intentas golpear el balón con la pierna contraria es probable que te sientas raro y que el disparo no te salga tan derecho ni tan fuerte como cuando disparas con la pierna buena.

¿Por qué pasa esto?

Te cuesta más disparar con esa pierna porque no estás entrenado a hacerlo y es posible que tengas menos fuerza en los músculos.

¿Y si quisieses ser un campeón de fútbol capaz de hacer buenos lanzamientos con las dos piernas? ¿Qué tendrías que hacer?

Si quisieses ser capaz de hacer disparos muy fuertes con tu pierna «mala» tendrías que hacerla más fuerte a base de entrenamiento. Tendrías que practicar los lanzamientos con esa pierna muchas, muchas veces.

En realidad puedes hacer más fuerte cualquier parte de tu cuerpo si haces los ejercicios adecuados. Piensa qué tipos de ejercicios podrían hacer que estas partes de tu cuerpo fuesen más fuertes y descríbelos en esta página.

Ya sabes que el ejercicio puede hacer que algunas partes de tu cuerpo sean más fuertes. Pero, ¿sabías que eso mismo es también cierto para el cerebro?

Si tu cerebro es más fuerte para detectar los aspectos negativos puedes hacer ejercicios para fortalecer la parte positiva del cerebro.

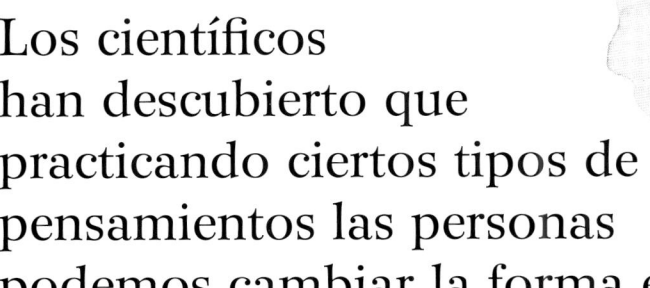

Los científicos han descubierto que practicando ciertos tipos de pensamientos las personas podemos cambiar la forma en que nuestro cerebro funciona.

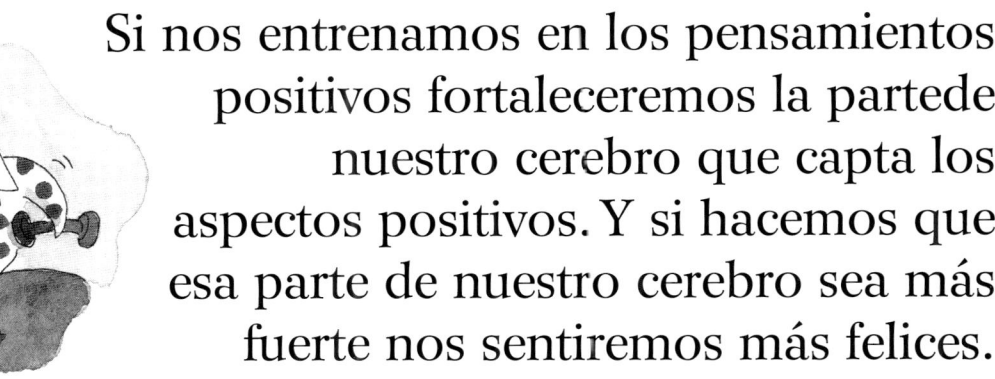

Si nos entrenamos en los pensamientos positivos fortaleceremos la partede nuestro cerebro que capta los aspectos positivos. Y si hacemos que esa parte de nuestro cerebro sea más fuerte nos sentiremos más felices.

Capítulo cuatro

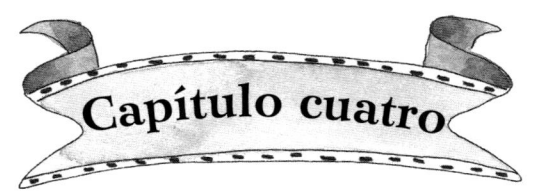

Fuerza y flexibilidad

Algunas cosas son flexibles, lo que significa que se pueden doblar.

Dibuja o nombra tres cosas que sean flexibles.

Capítulo 4

Algunas cosas son rígidas, lo que significa que no se pueden doblar. Si intentas doblarlas, se romperán.

Dibuja o nombra tres cosas que sean rígidas.

Las personas tenemos muchas partes que son flexibles. Busca seis partes del cuerpo que puedan doblarse o estirarse y haz una marca en esas partes flexibles.

¿Te imaginas lo incómodo y difícil que sería si no pudieses doblar ni estirar tu cuerpo de ninguna manera? Nombra algunas cosas que te gusta hacer y que no podrías hacer si tu cuerpo no fuese flexible.

Capítulo 4

Te habrás dado cuenta de que algunas personas son más flexibles que otras. Vamos a comprobar si tu cuerpo es flexible.

En primer lugar, ponte de pie.

Ahora, con las piernas rectas dobla tu cintura e intenta tocar los pies o el suelo.

¿Cuánto eres capaz de bajar? ¿Cuánto es capaz de bajar el adulto que está leyendo este libro contigo?

Haz un círculo que indique hasta dónde eres capaz de llegar y otro para indicar hasta dónde llega el adulto.

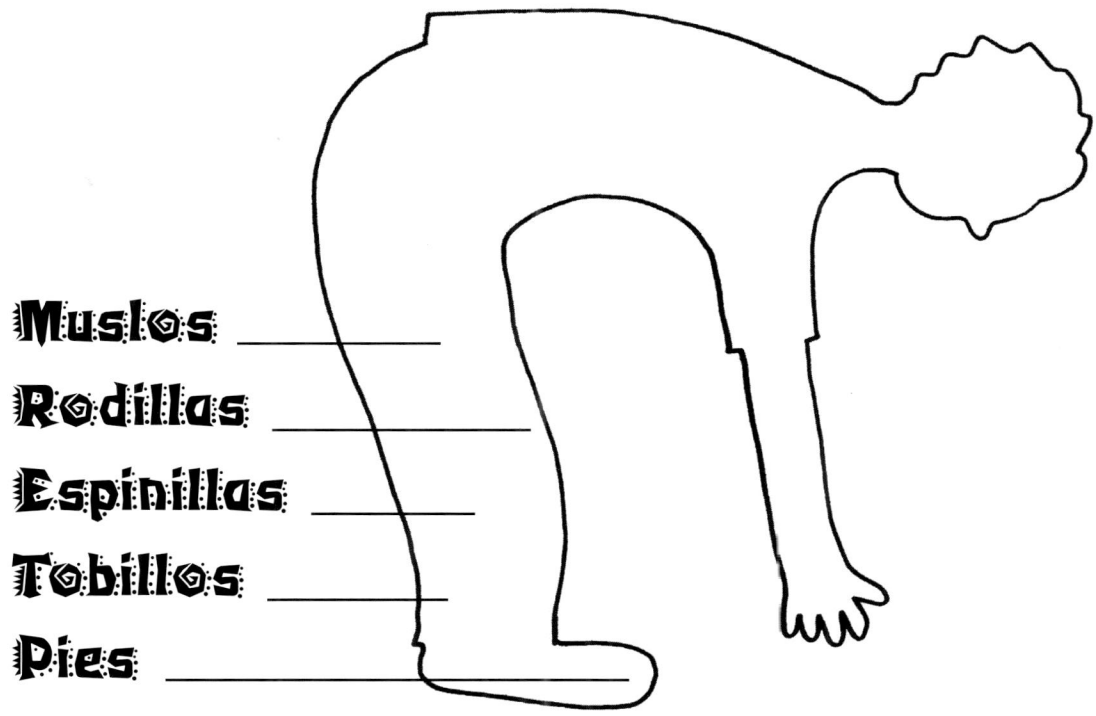

Muslos _____
Rodillas _____
Espinillas _____
Tobillos _____
Pies _____

¿Qué tendrías que hacer si quisieses poder llegar hasta el suelo?

Podemos hacer que nuestro cuerpo sea más flexible a base de estirarlo cada vez más. Si quisieses llegar a tocar el suelo y no pudieses hacerlo, tendrías que hacer ejercicios varias veces a la semana, estirando y forzando tu cuerpo cada vez un poquito más.

Si lo haces con demasiada fuerza o de forma brusca es posible que te hagas daño y se rompa el músculo al intentar estirarlo. Tienes que ir estirándolo poco a poco.

Capítulo 4

¿Sabes que tu mente es algo que también puede ser flexible o rígido? Una mente flexible significa que puedes doblar o cambiar tu pensamiento cuando lo necesitas.

Mira estas dos niñas:

Una tiene una mente flexible, lo que significa que cuando algo no sale como esperaba, no se enfada ni se desanima demasiado. Por el contrario, hace que su mente se doble, cambia su objetivo y se siente bien.

La otra tiene una mente rígida, quiere que las cosas sean como ella quiere y cuando no lo consigue se irrita y se enfada mucho.

El azul es el color preferido de las dos niñas. A la hora de desayunar su mamá les dice que las tazas azules están sucias. ¿Qué crees que dirá la niña que tiene una mente flexible? ¿Y qué dirá la niña de mente rígida? ¿Cuál de las dos niñas piensas que se sentirá más feliz? Rodéala con un círculo.

Un cuerpo muy rígido puede ser causa de muchos problemas y lo mismo pasa con una mente inflexible. Los niños que son muy rígidos se enfadan o se sienten dolidos con facilidad. Cuando alguien intenta obligarles a «doblarse» les parece que se van a romper en dos trozos. Claro que los niños inflexibles no se rompen realmente pero **CRUJEN** porque gritan, lloran o se sienten muy mal por dentro.

Ser rígido y ser negativo son dos cosas que suelen ir juntas. Cuando tienes un cerebro rígido te cuesta cambiar y dejar de prestar atención a las cosas malas. Es como si la lupa mágica estuviese pegada a tu mano y no pudieses soltarla.

Pero al igual que puedes hacer que tu cuerpo sea más flexible, puedes hacer que tu cerebro sea más flexible, enseñándole a estirarse cada vez un poco más.

Vas a aprender algunos ejercicios que te ayudarán a estirar y fortalecer tu cerebro. A medida que los vayas practicando tu cerebro se irá haciendo más flexible y las partes que se ocupan de los pensamientos positivos irán haciéndose más fuertes. El tener un cerebro flexible y positivo hará que te sientas más feliz.

Capítulo cinco

Ejercicio nº 1: Salto de vallas

El primer ejercicio tiene que ver con algo que ya sabes: saltar vallas.

Ya has probado a saltar un montón de cosas diferentes con tus piernas. ¿Cómo crees que podrías saltar algo con tu cerebro? En realidad es más fácil de lo que parece. Porque tanto cuando saltas con tus piernas como cuando lo haces con tu mente has de seguir cuatro pasos.

1. Ver la valla.

2. Decidir que vas a saltarla.

3. Imaginar la forma de hacerlo.

4. ¡Saltar!

Los dos primeros pasos parecen muy sencillos pero son los más importantes. Imagina lo que te pasaría si estuvieses haciendo una carrera de obstáculos y al llegar a la primera valla no la vieses. Chocarías contra ella y probablemente te harías mucho daño.

Cuando tienes un problema necesitas verlo con claridad. Sólo entonces podrás decidir lo que conviene hacer.

¿Te acuerdas del niño del primer capítulo, que no sabía nada de todo esto? Al ver que la valla le impedía el paso se quedaba bloqueado delante del obstáculo. En realidad se quedaba bloqueado porque tenía pensamientos negativos e inflexibles.

Estaba furioso contra la valla. Y ni siquiera se le ocurrió que podía saltarla. Menos mal que estabas tú para decirle que la saltase.

Capítulo 5

Cuando tengas algún problema acuérdate de aquel niño y de cómo se quedó paralizado. Recuerda cómo se quedó allí sin hacer nada y quejándose. Todo eso no era nada bueno para él.

Cuando te quedas paralizado delante de un problema lo primero que tienes que hacer es **VER LA VALLA**. Necesitas darte cuenta de que hay un problema y de que has de reaccionar frente a él.

Lo siguiente que tienes que hacer es **DECIDIRTE A SALTAR**. Una vez que has tomado esa decisión las cosas empiezan a ir mucho mejor.

¿Qué significa saltar un problema? Saltar un problema significa superarlo, resolverlo o cambiar tu atención hacia otra cosa que te permita avanzar.

Vamos a repasar lo que seguramente ya sabes sobre cómo resolver problemas.

Una buena forma de empezar es hacer una lluvia de ideas. Esto consiste en intentar producir muchas ideas. La lluvia de ideas y el salto de las vallas hacen que tu cerebro «se estire» poniéndolo en forma y haciéndolo más flexible.

Intenta hacer una lluvia de ideas sobre este problema:

Quieres que un amigo venga a tu casa pero tu madre tiene que llevar a tu hermana a clase de gimnasia.

En vez de ponerte furioso puedes pensar: «Voy a saltar esta valla».

> **Escribe en este recuadro las ideas que se te ocurran para resolver el problema.**

Es probable que hayas encontrado un montón de formas de saltar la valla porque hay muchas formas de resolver el problema. Aquí tienes unas cuantas más:

- Puedes ir a casa de tu amigo en vez de que venga él a la tuya.

- Puedes ir con tu amigo al gimnasio y jugar allí.

- Puedes leer un buen libro mientras tu hermana está en clase e invitar a tu amigo mañana.

Ahora vamos a practicar con algunos ejemplos tomados de tu propia vida.

Escribe en cada una de las vallas que hay debajo un problema que hayas tenido y busca al menos una solución para resolver cada uno de ellos. Intenta que las soluciones sean realistas y que se trate de cosas que puedes controlar. Evita pensar en cosas que te gustaría que pasasen y en cosas que quisieras que hiciesen otras personas.

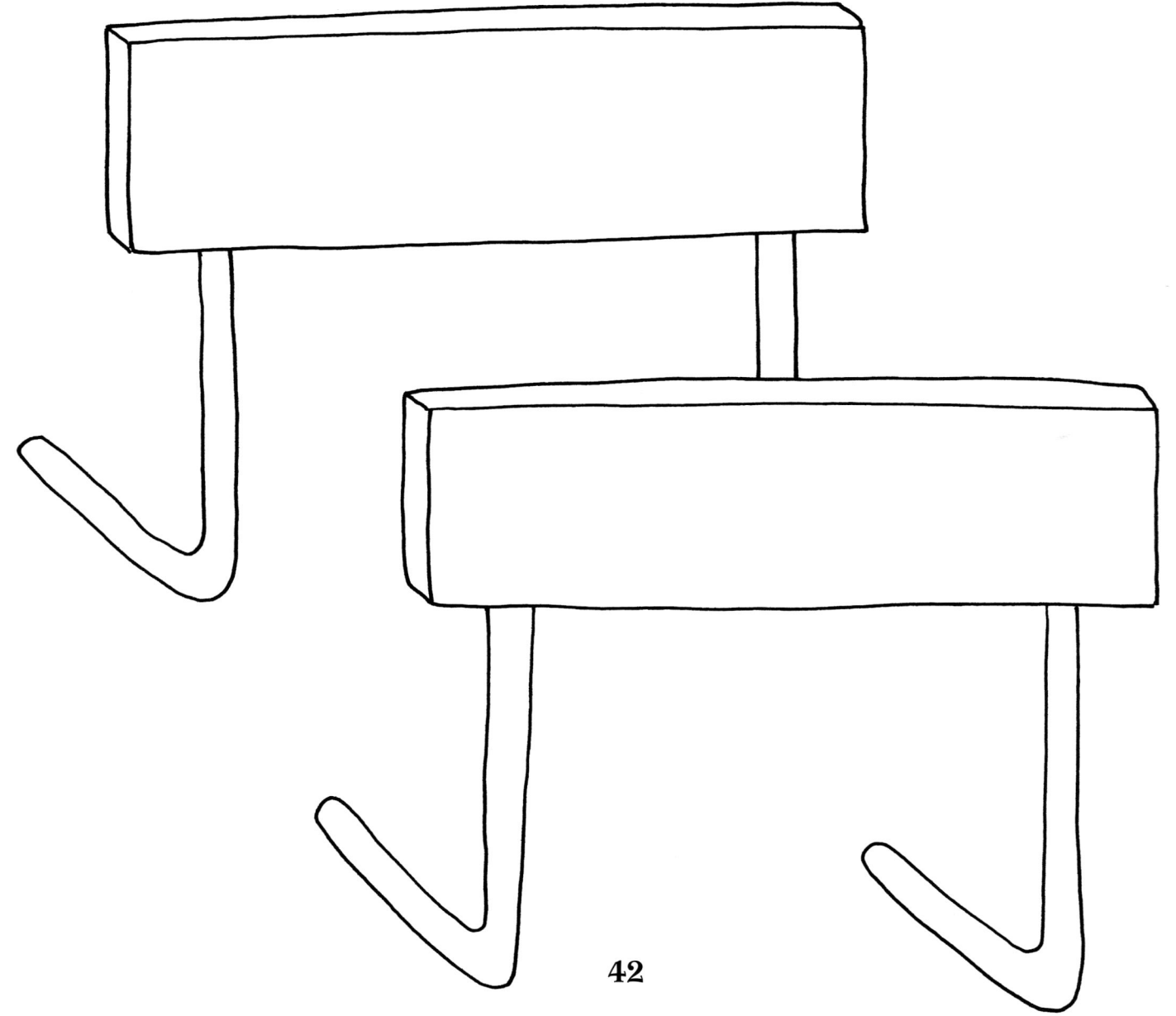

Capítulo 5

De ahora en adelante cuando tengas un problema piensa que es una valla que debes saltar. En vez de refunfuñar, de quejarte, de quedarte paralizado debes decirte a ti mismo: «Es como una valla y debo saltarla».

Dibuja una señal que te recuerde que debes

¡SALTAR!

Capítulo seis

Consigue un entrenador

Los corredores profesionales y los atletas que saltan vallas suelen tener un entrenador. Un entrenador es alguien que te ayuda a aprender cómo hacer cosas nuevas. También puede ayudarte a recordar lo que tienes que hacer. Dentro de algún tiempo podrás ser tu propio entrenador pero mientras estás aprendiendo los nuevos ejercicios seguramente necesitarás que alguien te ayude.

Capítulo 6

Intenta pensar en dos o tres adultos que podrían ser tus entrenadores mientras estás aprendiendo estos ejercicios para la mente.

1. _____

2. _____

3. _____

Este capítulo está pensado para ayudarte a ti y a tus entrenadores a trabajar juntos, así que ellos deben leerlo contigo.

¿Te acuerdas de la lupa mágica, esa que hace que las cosas malas parezcan enormes? Cuando llegues al final de este libro la lupa

estará acumulando polvo en un estante de tu cuarto, es decir, ya no la utilizarás casi nunca.

Sin embargo, es probable que de momento todavía la uses mucho porque estabas acostumbrado a tenerla. Siempre que tomas la lupa la lente de aumento se enfoca directamente hacia **EL PROBLEMA** haciendo que parezca enorme.

Lee los ejemplos que vienen a continuación y rodea la parte del dibujo que representa **EL PROBLEMA**. Esta es la parte que enfoca la lupa.

Es el día de tu cumpleaños y estás patinando con tus amigos en la pista de patinaje. Habéis estado patinando durante una hora y cuando llega la hora de merendar aparece una camarera trayendo tu tarta de cumpleaños con las velas encendidas. Pero la tarta es blanca y a ti te gustan las tartas de chocolate.

Ayer, en el recreo estuviste jugando con tu mejor amigo a policías y ladrones. Hoy estás deseando que llegue la hora para jugar otra vez. Pero cuando sales a jugar en el recreo te das cuenta de que tu amigo está saltando a la cuerda con otros niños.

Vas en el coche y tu hermano va dormido haciendo ruidos muy fuertes. Cada vez estás más furioso.

Veamos esta última escena con más detalle. Tu lupa mágica está enfocando a tu hermano, ¿verdad? Los ruidos que hace parecen cada vez más fuertes. Casi no puedes soportarlo. Le dices con rabia: «¡Cállate ya!». Pero, claro, él no se calla. Entonces dices: «Mamá, no para de hacer ruidos. Dile que se calle». Pero tu madre contesta: «Deja de quejarte».

¿Dónde crees que va a enfocarse la lupa en ese momento? Márcalo en el dibujo que hay en la parte superior de la página.

Capítulo 6

¡Va a enfocarse sobre tu mamá!

Cuando llevas la lupa en tu mano es fácil que la muevas de un lado para otro y que la enfoques en cualquier persona o cosa que se ponga en tu camino. De esa forma también esa persona o esa cosa parecen horribles.

Aquí aparece un problema: ¿Qué pasa si tu mamá es uno de tus entrenadores? Si ha estado leyendo este libro contigo ya sabe probablemente que cuando te pones negativo no sirve de nada decir: «Deja de quejarte». Ya sabe mucho sobre vallas, así que sabe que debe decirte: «Salta esa valla».

Resume lo que probablemente dirías en ese caso. Sé sincero.

Si eres como la mayor parte de los niños es probable que dijeses: «¡Eso es una tontería!» Eso es porque estás enfadado y porque estás usando tu lupa. Cuando enfocas a tu mamá con la lupa seguramente puedes pensar: «Siempre me está molestando» o «No le importa lo que me pasa».

Te molesta lo que te dice tu mamá y tienes más ganas de dar una patada a la valla que de intentar saltarla.

¿Qué puede hacer entonces tu mamá o tus otros entrenadores?

Lo primero que debe hacer un entrenador es darse cuenta de cómo te sientes. En el ejemplo del coche, cuando dices «Mamá, no para de hacer ruidos. Dile que se calle», lo mejor que podría decir es algo de este tipo: «Parece que ese ruido te molesta mucho».

Si los demás se dan cuenta de cómo te sientes te puedes relajar un poco. No necesitas enfocar la lupa con tanta fuerza.

Algunas frases como éstas pueden hacer que te sientas comprendido:

¿Y después de eso?

A la mayor parte de la gente no le gusta que le digan lo que tiene que hacer. Si tu entrenador te dice «Salta la valla», es probable que sigas teniendo ganas de pelear sólo porque no quieres que te manden.

Por eso es mejor que tu entrenador te haga alguna pregunta como éstas: «¿Qué te parece que deberías hacer?» o «¿Recuerdas lo que habíamos aprendido sobre las vallas?»

A algunos niños les ayuda un poco de humor, siempre que la broma sea sobre las molestas vallas y no sobre los problemas que les causan.

A muchos niños les gusta tener un código especial con su entrenador. Por ejemplo, podéis acordar que un guiño de tu entrenador te recordará que debes saltar la valla. Es posible que tu entrenador haga una mueca graciosa mientras dice por lo bajo «¡Salta!» Estos códigos son divertidos y sirven para que los demás no se den cuenta de que tu entrenador te tiene que recordar cosas que es fácil que se te olviden cuando estás ocupado en pensar lo furioso que estás.

Capítulo 6

¿Cuál es la mejor forma en que puede ayudarte tu entrenador?

¿Qué puede hacer o decir para que te acuerdes de las cosas que estás aprendiendo?

Capítulo siete

Ejercicio nº 2: Deja el pasado atrás

Los buenos atletas aprenden a saltar las vallas con suavidad, no se ponen nerviosos antes de saltar y no miran atrás cuando han superado la valla.

¿Qué pasaría si un niño al saltar la valla empezase a pensar: «¡Qué difícil! No me gustan las vallas. Estoy harto de ellas. Son odiosas»? Este niño está tan ocupado refunfuñando sobre las vallas que le van a pasar dos cosas malas:

1. Va a seguir sintiéndose desgraciado aunque haya sido capaz de superar la valla.

2. No va a poder concentrarse en el resto de los obstáculos de la carrera.

Algunos niños actúan de esta manera: saltan algunas de las vallas que encuentran en su vida pero continúan quejándose y refunfuñando.

Es como si esos niños llevasen siempre una mochila llena de malos recuerdos. Cuando les pasa algo malo lo meten en la mochila y siguen arrastrándolo todo el tiempo.

Los niños que tienen pensamientos negativos suelen ir con esa mochila a todas partes. No pueden olvidarse de las injusticias o de las cosas malas que les han pasado porque toda esa carga la guardan en su mochila de recuerdos malos.

Capítulo 7

Escribe dentro de la mochila algunas cosas que hayas estado llevando en tu mochila de los malos recuerdos. Pon también esas cosas que te siguen molestando aunque hayan pasado hace mucho tiempo y aunque se trate de cosas sobre las que no se puede hacer nada.

Seguramente sabes que las mochilas de los malos recuerdos son muy pesadas. Todos los que llevan por ahí esas mochilas se sienten negativos y malhumorados.

Es importante que sepas que puedes decidir dejar la mochila.

Imagina que te quitas la mochila de la espalda y puedes andar sin ella. Todos esos recuerdos malos están en la mochila pero tú abandonas la mochila.

La próxima vez que te encuentres con un problema toma la decisión de resolverlo: ¡salta! Pero cuando has resuelto el problema ya no hace falta que lo metas en la mochila de los malos recuerdos. Además, ya no llevas la mochila a tu espalda.

Capítulo 7

Piensa en un buen lugar para dejar la mochila de los recuerdos malos y dibújalo.

Deja de llevar la mochila de los malos recuerdos a tu espalda y mira hacia delante. De esta manera es mucho más fácil ir por la vida.

Y además es mucho más divertido.

Capítulo ocho

Ejercicio nº 3: Lanza tu cerebro

Si todos los días haces ejercicios de saltar vallas y si has dejado la mochila de los malos recuerdos en la página 59, que es donde debe estar, probablemente habrás comprobado que empiezas a sentirte mejor. Tu cerebro se va haciendo más flexible y ya no te encuentras tan paralizado.

Pero puede ocurrir que, aunque te esfuerces por saltar las vallas y por abandonar los malos recuerdos, algunos pensamientos negativos se metan en tu mente cuando algo sale mal.

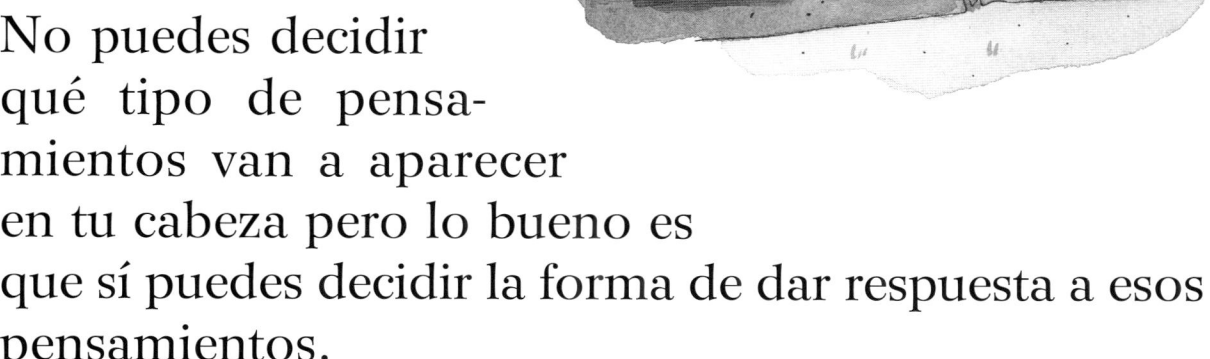

No puedes decidir qué tipo de pensamientos van a aparecer en tu cabeza pero lo bueno es que sí puedes decidir la forma de dar respuesta a esos pensamientos.

Ya sabemos que algunos cerebros tienden naturalmente a fijarse en lo negativo. Si éste es tu caso, ya es hora de que tu cerebro aprenda a encaminarse hacia los aspectos positivos. Puedes conseguirlo aprendiendo a «lanzar» tu cerebro.

Imagina que los dos círculos dibujados en esta página son las dos caras de la misma moneda. En la «cara» están los pensamientos positivos y en la «cruz» están los negativos. Rellena el lado positivo y el lado negativo de la moneda.

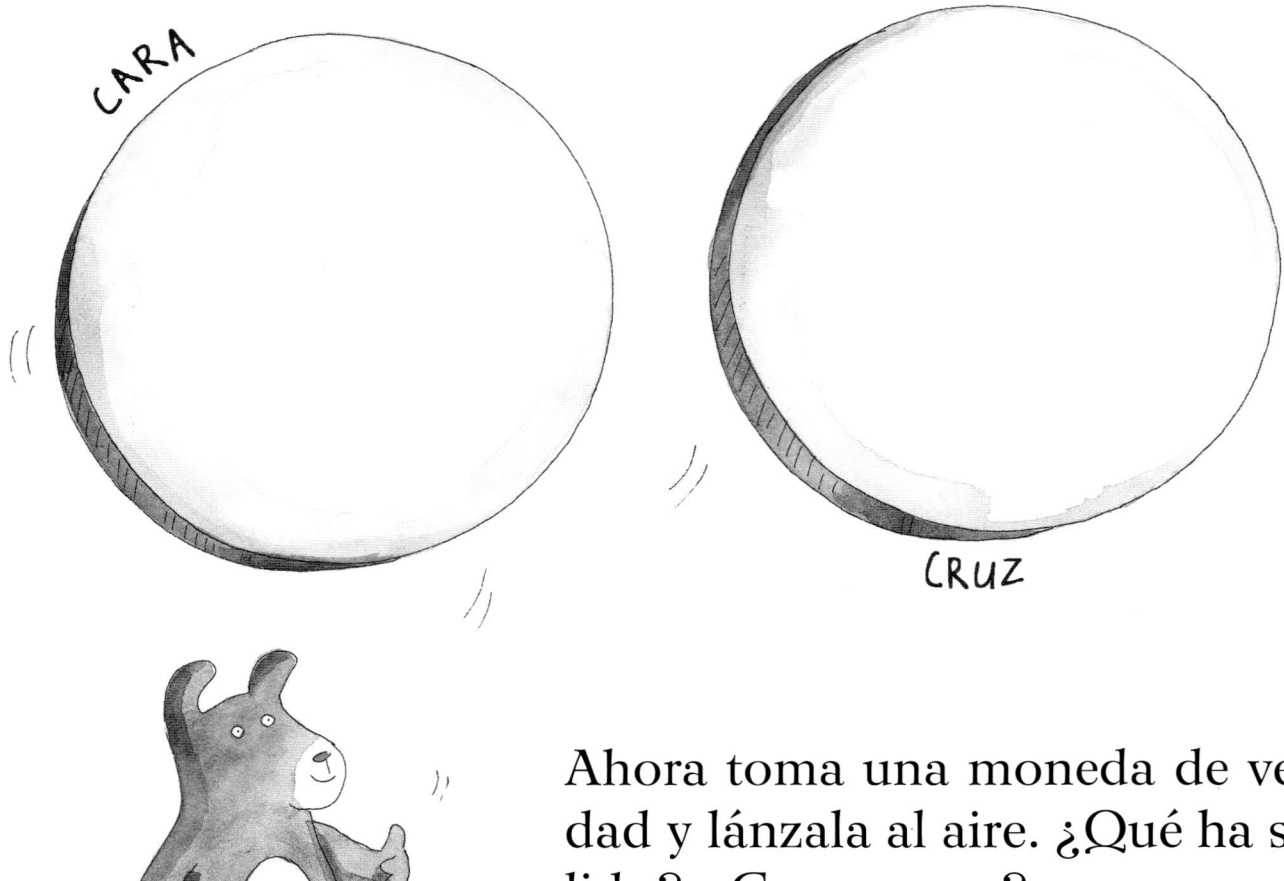

Ahora toma una moneda de verdad y lánzala al aire. ¿Qué ha salido? ¿Cara o cruz?

Vuelve a lanzarla al aire. Hazlo una vez más.

Capítulo 8

Unas veces sale cara y otras sale cruz. A tu cerebro le pasa lo mismo: A veces se fija en los aspectos positivos de una situación y entonces te sientes feliz; otras veces salen las partes negativas y te sientes triste o furioso.

Pero puedes aprender a «lanzar» tu cerebro de forma parecida a como lanzas una moneda.

Cuando tu mente se centra en las cosas malas, como hacías antes, te enfadas y refunfuñas. Sin embargo, puedes decidir que quedarte refunfuñando es una pérdida de tiempo y que vas a hacer algo mejor.
Es cierto, tienes el poder de elegir.

Puedes «lanzar» tu cerebro y decidir que vas a pensar en las cosas buenas en vez de pensar en las malas.

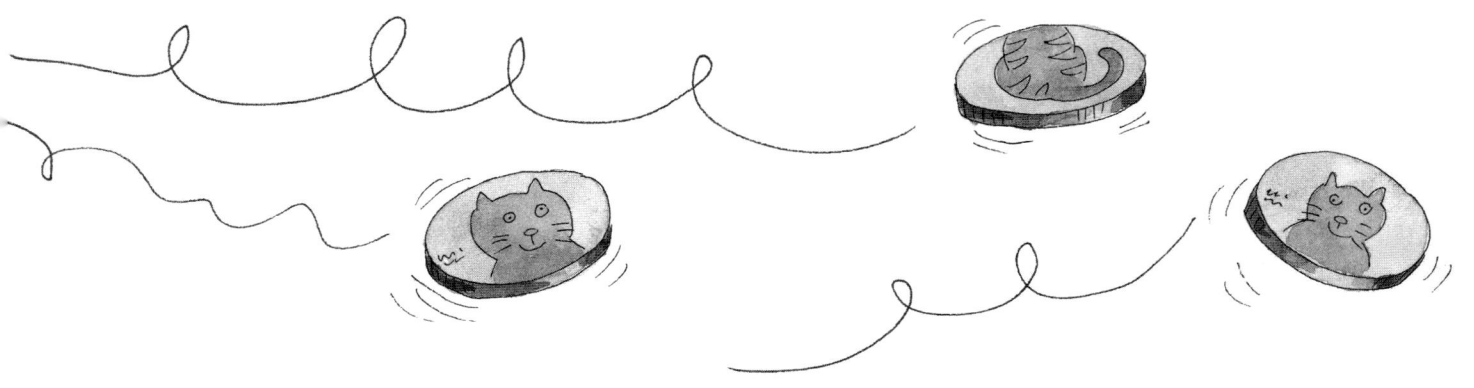

Piensa en las siguientes situaciones y trata de imaginar en cada caso algunas cosas buenas.

Tu profesor trae unos balones nuevos para jugar en el recreo pero el director dice que no se puede salir porque está lloviendo.

Te encantan las magdalenas pero tu hermana acaba de comerse la última que quedaba.

Estás a mitad de una partida en un juego de ordenador cuando llega tu papá y decide que es hora de irse a la cama.

Es normal que te sientas triste o furioso cuando las cosas no salen como quieres. Estos sentimientos son naturales.

Pero las cosas malas no van a convertirse en buenas por mucho que te quedes fijándote en ellas. Lo único que ocurre es que te sientes desgraciado. Por eso no es nada bueno para ti que te quedes parado y pensando en las cosas malas.

Deberías pensar lo siguiente: «No me gusta nada lo que está pasando pero tengo que encontrar la forma de tratar este problema». Este es el momento de «lanzar» tu cerebro.

Imagina que la moneda que representa tu cerebro va por el aire dando vueltas y esta vez sale cara. Piensa en algo bueno y concentra tu atención en eso. O piensa en la forma de resolver esa situación e imagina lo que vas a hacer.

Durante los próximos días busca alguna oportunidad para hacer ejercicios de «lanzar» el cerebro.

Capítulo nueve

Ejercicio nº 4: El juego del cinco

¿Qué pasa cuando lanzas tu cerebro y tu cabeza queda vacía? A veces, si estás muy enfadado, es difícil encontrar algo que sea bueno.

El juego del cinco te va a ayudar a fortalecer la parte positiva del cerebro enseñándote a darte cuenta de las cosas buenas.

Para aprender a jugar vas a pensar en una situación que te moleste mucho. Ahora cierra el puño con fuerza. El puño cerrado indica cómo te sientes cuando sólo te fijas en las partes malas de la situación: furioso.

Ahora piensa en una cosa buena en la que podrías fijarte. Y, al pensar en esa cosa buena, levanta uno de los cinco dedos de la mano.

Ahora piensa en otra cosa buena y extiende otro dedo.

Repite este juego hasta que los cinco dedos de la mano estén extendidos. Para celebrarlo «choca los cinco» con el adulto que está contigo o date tú mismo una palmada en el hombro.

Tu entrenador (tu mamá, tu papá u otra persona mayor) puede ayudarte a pensar en cosas positivas. Pero hay una regla que debéis respetar: las cosas positivas deben estar relacionadas con la situación que te ha hecho refunfuñar, no con cosas con las que sueles estar contento.

Por ejemplo, un cálido día de verano estás en la heladería con tu mejor amigo y tu helado favorito, el de turrón de chocolate, se ha acabado.

Respuestas válidas

- ¡Qué bien! Tenía ganas de probar el helado de pistacho.
- Un helado me va a venir muy bien para refrescarme.
- Mi amigo ha hecho un chiste gracioso.
- El vendedor de la heladería es muy simpático.
- Voy a aprovechar para comprar unas «chuches».

Respuestas que no sirven

- Tenemos pizza para cenar esta noche.
- Mi vecino tiene un perro muy simpático.
- Estamos de vacaciones.
- El partido de esta mañana ha sido muy divertido.
- El próximo fin de semana vamos a la playa.

Una respuesta que no sirve ni de lejos

- Supongo que podría soportar un sabor diferente si no tuviese más remedio.

Vamos a probar el juego. Lee la situación que se describe a continuación.

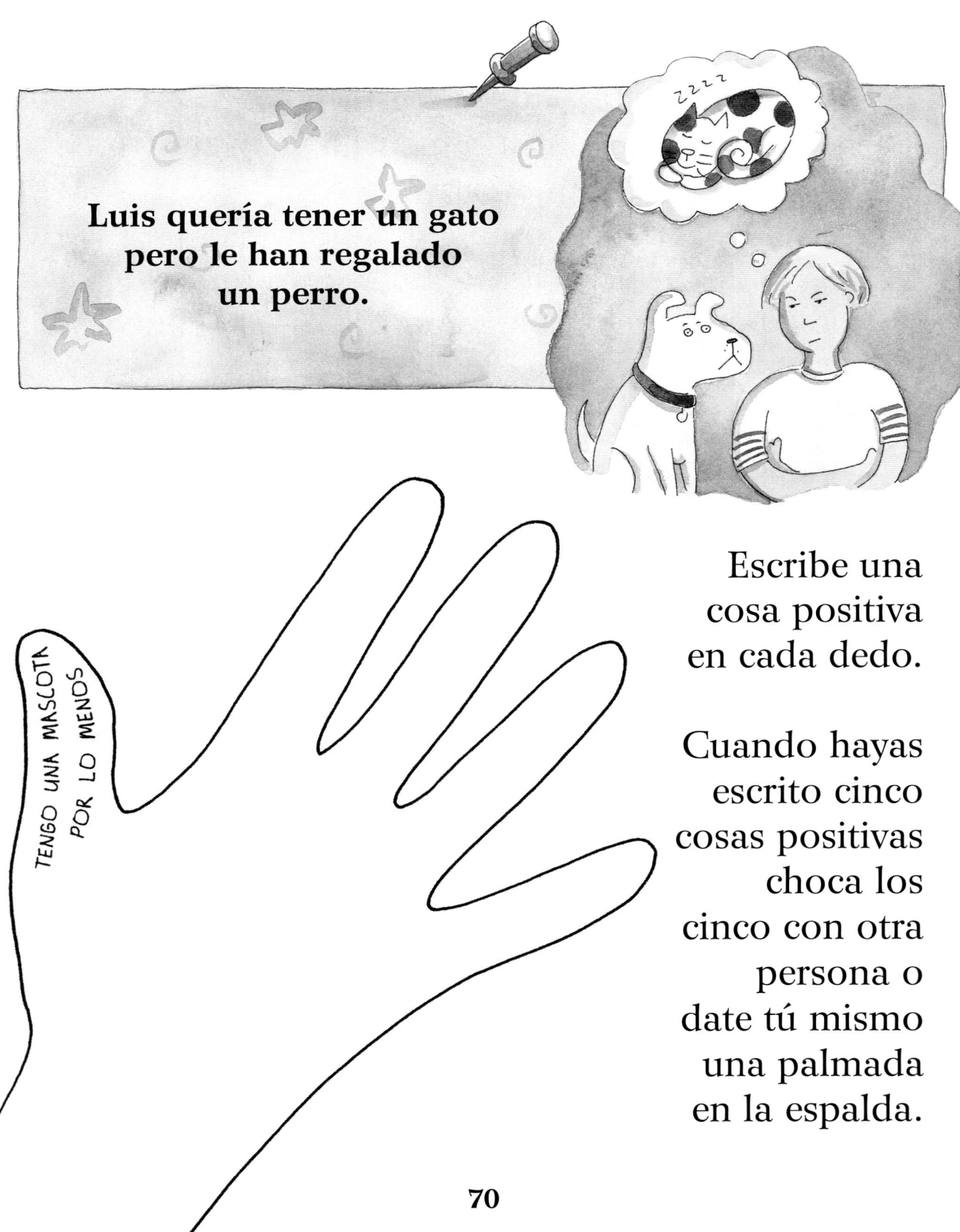

Luis quería tener un gato pero le han regalado un perro.

TENGO UNA MASCOTA POR LO MENOS

Escribe una cosa positiva en cada dedo.

Cuando hayas escrito cinco cosas positivas choca los cinco con otra persona o date tú mismo una palmada en la espalda.

Capítulo 9

¿Recuerdas alguna cosa por la que hayas estado refunfuñando hace poco? Escribe a continuación lo que pasó.

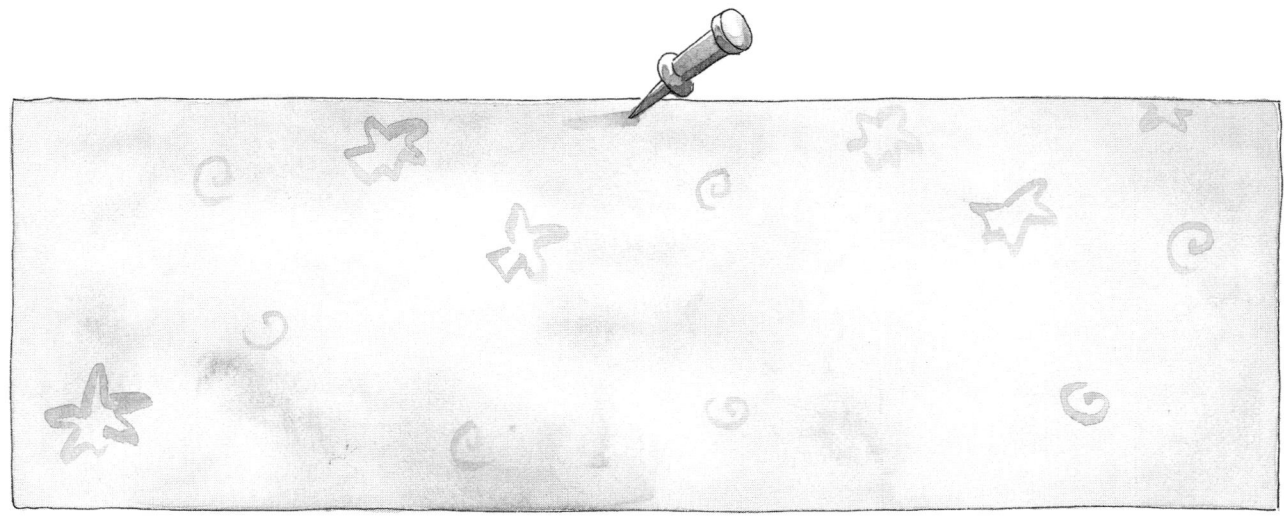

Ahora piensa en cinco cosas positivas en las que podrías fijarte.

Puedes jugar al juego del cinco siempre que quieras ver la parte positiva de una situación pero necesites ayuda para encontrar esos aspectos buenos.

Capítulo diez

¿Qué pasa si te pones furioso?

Los pensamientos negativos hacen que te pongas furioso. Para algunos niños eso es casi inmediato. Piensan «eso no es justo» o «eso no me gusta» y **ZAS**, se ponen furiosos.

¡QUIERO IR A NADAR HOY, NO MAÑANA!

EL ÚLTIMO TROZO DE PIZZA TENÍA QUE SER PARA MÍ

DIJISTE QUE PODRÍA QUEDARME A JUGAR Y ACOSTARME MÁS TARDE

Capítulo 10

¿Te pones furioso con mucha rapidez? Marca tu respuesta con un círculo en la siguiente escala.

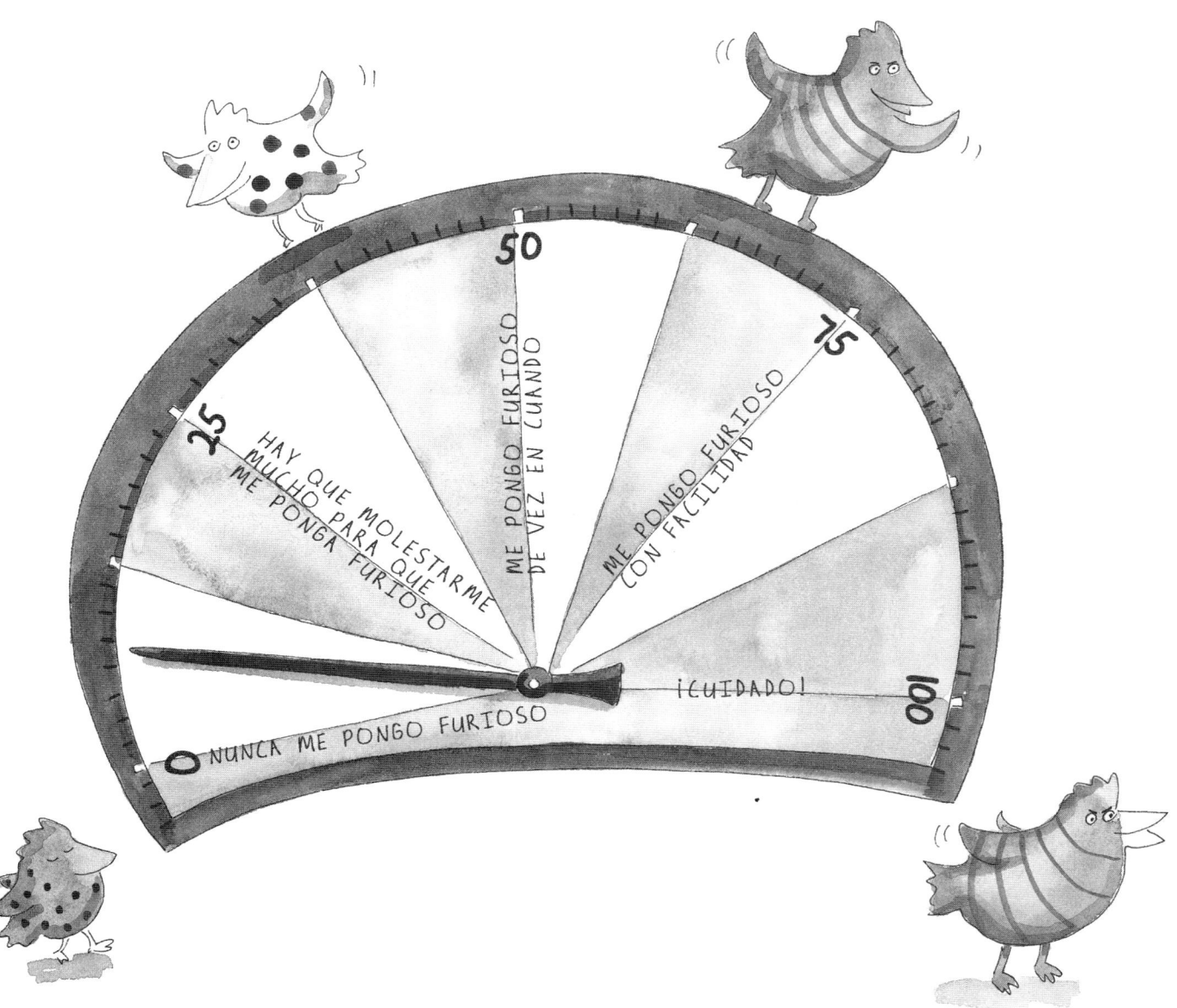

La rabia hace que la parte de tu cerebro que sabe cómo pensar con claridad se apague.

Si eres uno de esos niños que se pone furioso en seguida, necesitarás calmarte antes de poder empezar a hacer los ejercicios que te proponemos en este libro.

Una forma muy buena de calmarse es tomar un descanso. Eso significa no fijarse ni en las cosas positivas ni en las negativas. Se trata de alejarse de la situación para que tu cuerpo y tu mente puedan recuperarse.

Cuando te estás tomando un descanso puedes tener la tentación de seguir refunfuñando. Intenta no caer en eso. Convéncete a ti mismo: «Ahora estoy haciendo un descanso; ya me ocuparé de este asunto más tarde». Además, intenta dirigir tu pensamiento a otra cosa.

Algunos niños cuando quieren tomarse un descanso leen un libro.

Otros, prefieren lanzar tiros a la canasta.

Busca algo que te ayude cuando estás furioso.

¿Te va bien una actividad relajante como dibujar o ver la tele?

¿O prefieres algo más activo como montar en bicicleta o jugar con tu perro?

También puedes hacer que tu mente se tome un descanso.

Puedes respirar cinco veces profundamente o contar hacia atrás desde 10 hasta 1.

Puedes imaginar que tus problemas se alejan como si fuesen un globo de aire caliente.

También puedes pensar en las cosas que más te gustan.

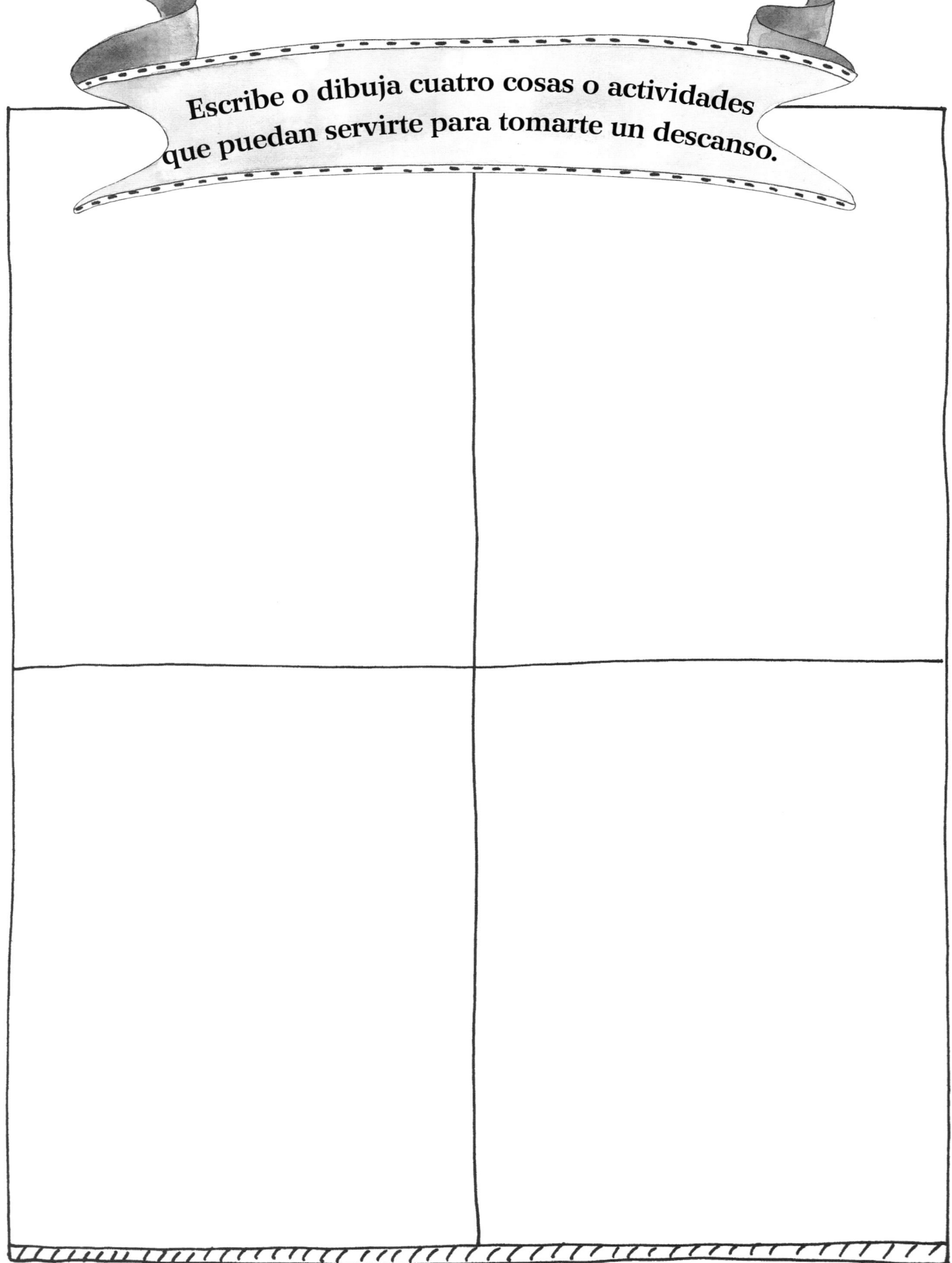

Escribe o dibuja cuatro cosas o actividades que puedan servirte para tomarte un descanso.

Hay personas que piensan que eso de tomarse un descanso está mal. Dicen que uno tiene que «enfrentarse a sus problemas» y no evitarlos.

Pero tienes que tener en cuenta que cuando estás atrapado por el mal humor te enfrentas a los problemas de una forma que no es eficaz porque lo único que haces es quejarte de ellos. Puedes estar mucho tiempo quejándote y refunfuñando pero eso sólo hace que las cosas vayan peor.

Tomar un descanso te viene bien para estar más tranquilo. Es como hacer una parada para respirar profundamente antes de dar un salto.

Claro que en algún momento tendrás que volver a enfrentarte a eso que te ha puesto furioso. En algunos casos el problema ya no volverá a molestarte; en otros casos el problema seguirá ahí pero tú estarás más tranquilo y en mejores condiciones para enfrentarte a él.

Capítulo once

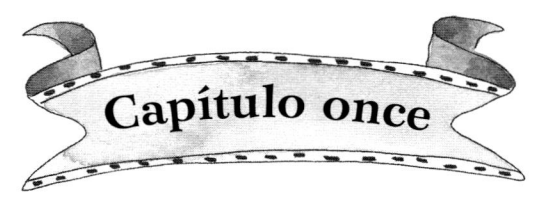

Cómo ser positivo

Ahora que has aprendido a poner tu atención en las cosas positivas en vez de en las negativas, es importante que hagas que la parte positiva de tu cerebro sea cada vez más fuerte.

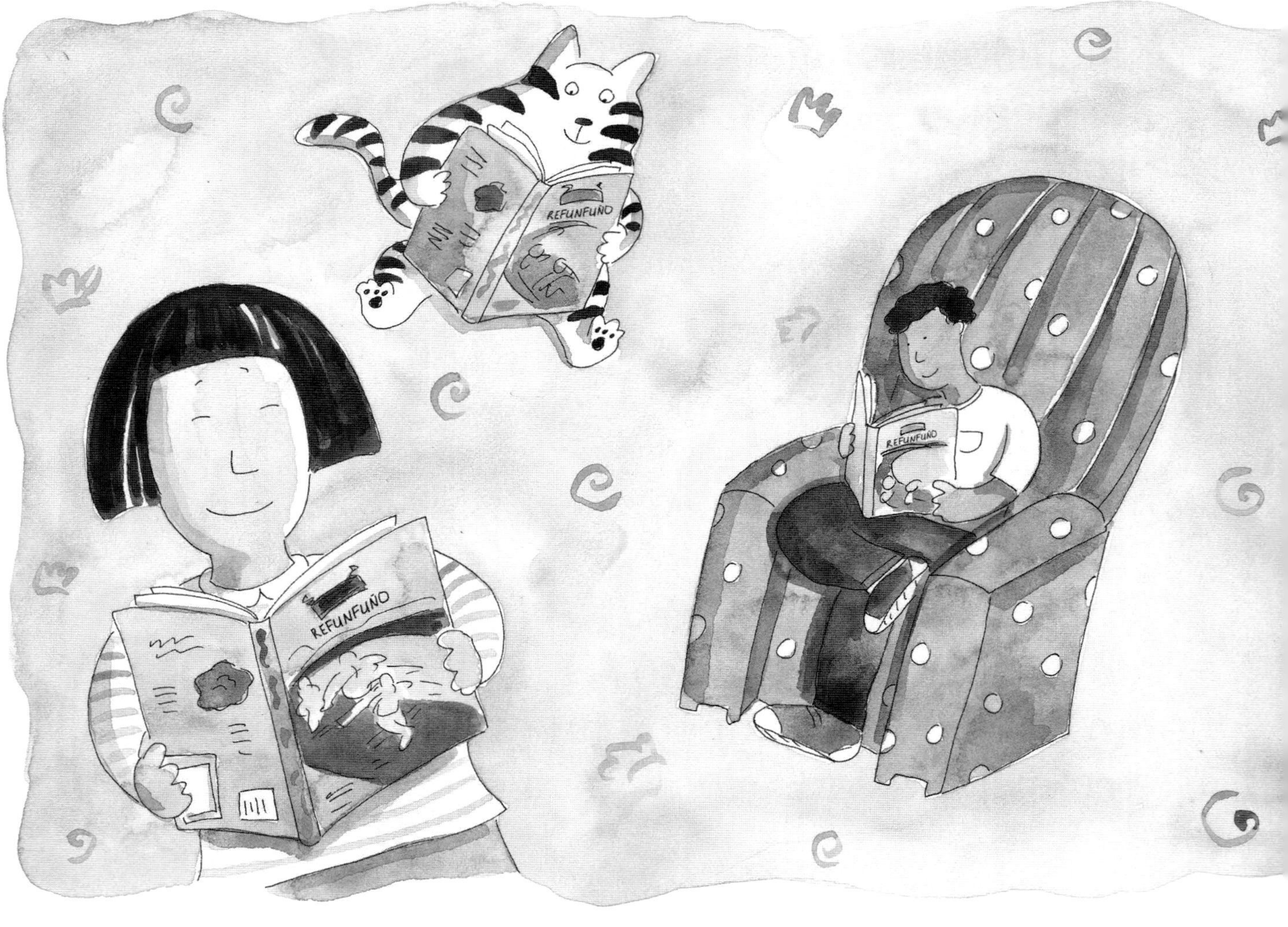

Capítulo 11

Una forma de conseguir esto es que sigas practicando los ejercicios que te hemos enseñado en este libro, aunque ya te los sepas todos.

Otra forma importante es que todos los días pienses en las cosas positivas que te pasan.

Busca alguna de tus fotografías favoritas, una que te guste mucho porque te recuerde un día que lo pasaste muy bien. Ver fotos que nos sirvan para recordar otros momentos en los que lo pasamos muy bien nos ayuda a sentirnos bien y fortalece la parte positiva de nuestro cerebro.

Puedes crear en tu mente un álbum con tus recuerdos favoritos. En él puedes guardar recuerdos de ocasiones en las que te sentiste muy contento o muy orgulloso.

Escribe una historia o haz un dibujo sobre un recuerdo agradable que puedes guardar en tu álbum de recuerdos favoritos.

A medida que vaya pasando el tiempo podrás añadir más recuerdos a ese álbum que guardas en tu mente.

Una tercera forma de seguir siendo positivo es darse cuenta de todas las cosas buenas que te pasan cada día: un amigo te ha guardado el sitio a su lado a la hora de comer, tu papá ha vuelto del trabajo más temprano, tu perro ha obedecido a una orden tuya por primera vez…

Algunas personas se olvidan de hablar de todas las cosas buenas que les pasan en la vida. Si hablas de las cosas buenas que te pasan serás más feliz y, además, harás que las personas que te rodean sean también más felices.

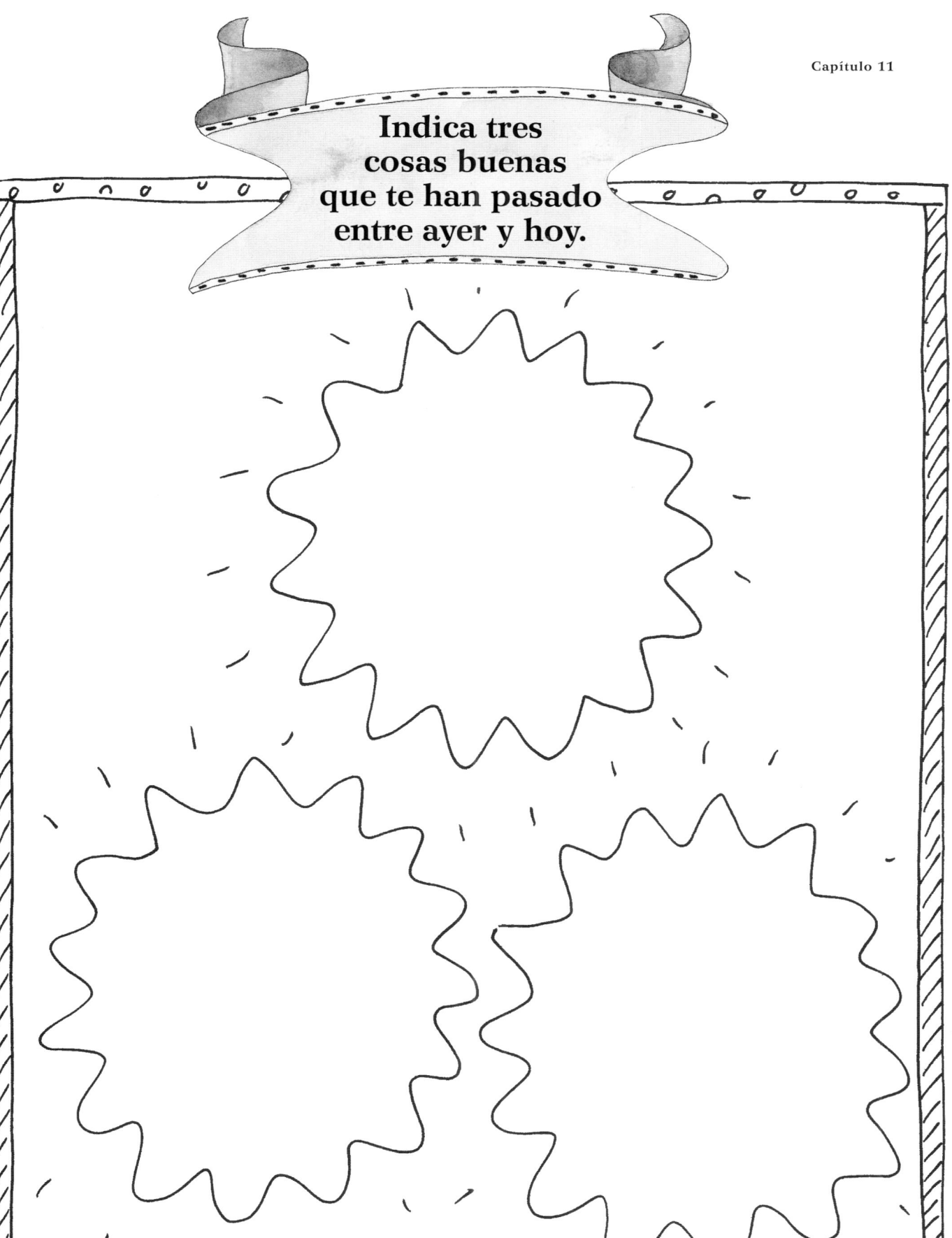

Habla siempre que puedas con las personas mayores que viven contigo: en el coche, durante la cena, cuando estés en la cama… Cuéntales lo que te gusta, las cosas en las que has pensado y las cosas buenas o divertidas que te han pasado durante el día.

Tu papá y tu mamá (también otros entrenadores) pueden hacerte preguntas que te ayuden a darte cuenta de todas esas cosas positivas. Veamos algunos ejemplos de preguntas que pueden hacer que tu cerebro se incline hacia el lado positivo:

Capítulo 11

Es posible que al principio no encuentres respuestas para estas preguntas. Algunos niños no están acostumbrados a hablar de sí mismos o sólo hablan de sus problemas.

Sin embargo, si tu papá y tu mamá siguen haciéndote este tipo de preguntas estarán ayudando a fortalecer las partes positivas de tu cerebro. Además, tus respuestas harán que ellos puedan conocerte mejor.

Puedes seguir hablando de tus problemas cuando necesites ayuda para resolverlos. Pero lo importante es que ya no quieres perder mucho tiempo quejándote.

Lo que tienes que hacer es hablar un poquito de tus problemas y muchísimo de todas las cosas de tu vida que son interesantes y divertidas.

Capítulo doce

¡Puedes conseguirlo!

¿Te acuerdas de cuando eras pequeño y aprendiste a escribir tu nombre y a restar? Probablemente te parecía muy difícil. Es necesario practicar mucho para aprender cosas nuevas. También necesitas práctica para aprender a dejar los pensamientos negativos.

Hasta ahora los pensamientos negativos se metían en tu cabeza fácil y rápidamente. Tal vez todavía te cueste encontrar pensamientos positivos. Pero si repites los ejercicios que te hemos enseñado una y otra vez, pensando bien en lo que ocurre realmente en tu cabeza, empezarás a darte cuenta de una cosa: que los ejercicios mentales son cada vez más fáciles.

Cuando algo te salga mal ya no será una cosa tan grave. Verás que algunos problemas que antes te ocupaban mucho tiempo porque te dedicabas a protestar, a quejarte y a sentirte furioso, ahora se resuelven con bastante rapidez.

Ya no te dedicarás a poner esa lupa mágica que hace que los problemas parezcan enormes y te será más fácil fijarte en los aspectos positivos. Y, poco a poco, empezarás a sentirte mejor.

- Salta los obstáculos.
- Deja atrás la mochila de los malos recuerdos.
- Lanza tu cerebro.
- Juega al juego del cinco.
- Abre el álbum de los recuerdos favoritos.
- Concéntrate en las cosas positivas.

Escribe tu nombre en esta copa que has ganado por fijarte en los pensamientos positivos. Puedes estar orgulloso de ti mismo. ¡Te la mereces!

¡Es estupendo sentirse bien!